INSTRUCTION

SUR LE SERVICE

QUE LES

RÉGIMENS DE CAVALERIE

DEVRONT FAIRE

DANS LES

CAMPS QUI S'ASSEMBLERONT

pendant la préfente année 1754.

Du 14 Mai 1754.

A PARIS,

DE L'IMPRIMERIE ROYALE.

M. DCCLIV.

TABLE

Des Titres contenus dans l'Inſtruction du 14 mai 1754, ſur le ſervice que les régimens de Cavalerie devront faire dans les Camps qui s'aſſembleront pendant la préſente année 1754.

INSTRUCTION

INSTRUCTION

Sur le service que les Régimens de Cavalerie devront faire dans les Camps qui s'assembleront pendant la présente année 1754.

Du 14 Mai 1754.

DU CAMPEMENT.

ARTICLE PREMIER.

LES Mestre-de-camps des régimens qui ont eu ordre de se tenir prêts à camper, auront soin qu'ils soient pourvûs de tout ce qui est nécessaire à cet effet.

I I.

IL y aura six tentes égales par compagnie; savoir, une pour le Maréchal-des-logis, & cinq pour les Cavaliers, à raison de six hommes par chambrée.

Tentes.

I I I.

LES chambrées seront composées d'anciens & de nouveaux Cavaliers.

a

I V.

Marmites & outils. CHAQUE chambrée fera pourvûe d'une marmite, d'une gamelle, d'un barril, d'une pelle, d'une pioche, d'une hache & d'une ferpe.

V.

Manteau d'armes. IL y aura un manteau d'armes par régiment, pour couvrir les armes des Cavaliers de la garde des étendards.

V I.

Cordeaux. IL y aura un cordeau par efcadron, de cinquante-fix pas de longueur, pour marquer le front du camp, & un autre de trente-fix pas, pour en marquer la profondeur : ces cordeaux feront divifés par toifes & demi-toifes.

Il y aura auffi par compagnie une fiche blanche de fept pieds de haut, ferrée par un bout, & ayant à l'autre une bande-role des mêmes couleurs du galon affecté à chaque régiment.

V I I.

Avis de l'arrivée. QUAND le régiment arrivera dans le lieu le plus à portée de celui où il devra camper, celui qui le commandera donnera avis de fon arrivée au Commandant du camp, & à l'Intendant.

V I I I.

Détachement pour aller marquer le camp. LE Commandant du régiment fera partir à l'avance pour aller au campement, un Officier major avec un Maréchal-des-logis par efcadron, un Brigadier & un Cavalier par compagnie.

I X.

LES Maréchaux-des-logis feront munis des cordeaux, & les Brigadiers des fiches ci-deffus indiqués.

X.

AUCUN autre que les Officiers, Maréchaux-des-logis,

Brigadiers & Cavaliers, commandés pour le campement, n'y marchera avec eux, à moins d'un ordre contraire.

X I.

QUAND l'alignement du camp aura été réglé sur des points de vûe donnés, l'aîle droite ou l'aîle gauche de Cavalerie (selon le côté par lequel on devra commencer) marquera son camp; & quand l'Infanterie aura marqué le sien, l'autre aîle continuera de même, laissant cinquante pas d'intervalle entre le camp de l'Infanterie & le sien. *Distribution du terrein.*

X I I.

LE Maréchal-général-des-logis de la Cavalerie distribuera aux Majors des brigades de ce corps, le terrein qui lui aura été désigné; & ceux-ci le distribueront à chaque régiment & escadron.

X I I I.

LES Majors de l'aîle de la Cavalerie qui marquera son camp la dernière, suivront l'alignement de l'Infanterie, à moins qu'il n'eût été ordonné de faire un coude.

X I V.

LES camps des escadrons d'un même régiment ou d'une même brigade, seront marqués dans le même ordre qu'ils devront être en bataille.

X V.

ON laissera six pas d'intervalle entre le camp de chaque régiment, & trente pas d'une brigade à l'autre. *Intervalles.*

X V I.

LORSQUE le cordeau du front du camp de l'escadron aura été tendu, on marquera la place de la fourche des premières tentes de chaque compagnie, de manière *Place des tentes des Cavaliers.*

a ij

que les tentes des deux compagnies du centre de l'efcadron qui feront adoffées, occupent onze pas ou trente-
trois pieds, y compris la ruelle pour l'écoulement des eaux,
& qu'il y ait dix-huit pas ou cinquante-quatre pieds entre
les tentes des compagnies qui fe feront face.

X V I I.

LE cordeau qui devra marquer la profondeur du camp,
fera placé perpendiculairement à celui du front, fur
l'alignement que la première compagnie devra former,
auquel les autres compagnies fe conformeront.

X V I I I.

ON laiffera fept pas ou vingt-un pieds entre les
fourches des tentes de chaque compagnie.

X I X.

Place des piquets des chevaux.

LES piquets des chevaux feront plantés trois pas en
avant des fourches des tentes: le premier fera mis vis-à-vis
de celle de la tente du Maréchal-des-logis; & on laiffera
un intervalle entre les chevaux de chaque chambrée,
pour le paffage des Cavaliers.

X X.

Place des fourrages.

L'ON mettra les fourrages dans l'intervalle des tentes
de chaque compagnie; & la dernière chambrée, pour
éviter les accidens du feu, à caufe de la proximité des
cuifines, les mettra entre fa tente & celle de la chambrée
précédente.

X X I.

Place des cuifines & des forges.

LES places des cuifines feront à quinze pas de la
dernière tente des Cavaliers; & les forges feront placées
fur le même alignement.

X X I I.

CELLES des tentes des Vivandiers, à dix pas des *Des Vivandiers.*
cuifines.

X X I I I.

CELLES des tentes des Lieutenans, à vingt pas de *Des tentes des*
celles des Vivandiers; & celles des Capitaines à vingt pas *Officiers.*
de celles des Subalternes.

X X I V.

A l'égard des tentes des Officiers fupérieurs des régimens, elles feront trente pas en arrière de celles des
Capitaines; favoir, celle du Meftre-de-camp, vers le centre
du régiment; celle du Lieutenant-colonel, à la gauche
de celle du Meftre-de-camp; & celles du Major &
de l'Aide-major, à la gauche, & un peu en arrière de
celles du Meftre-de-camp & du Lieutenant-colonel : obfervant, que quand le régiment fera campé par fa gauche,
les tentes du Lieutenant-colonel & des Officiers majors
devront être fur la droite de celle du Meftre-de-camp.

X X V.

LES portes de toutes ces tentes feront tournées du
côté du camp; & afin qu'elles foient alignées fur celles
des Cavaliers, ainfi que les cuifines & les forges, l'Officier
major qui fera marquer le camp, aura attention qu'il foit
mis des fiches qui indiquent cet alignement.

X X V I.

SI l'on fe trouve dans l'obligation de refferrer ou *Refferrer ou*
d'étendre le camp, on diminuera ou on augmentera les *élargir le camp.*
intervalles entre les régimens & les brigades, & entre la
Cavalerie & l'Infanterie: on pourra auffi élargir les rues
des chevaux; mais on n'augmentera ni ne diminuera jamais
l'intervalle entre les tentes adoffées.

X X V I I.

Le camp étant marqué, les Majors ordonneront aux Maréchaux-des-logis & Brigadiers de campement, d'empêcher que les troupes & les équipages ne paſſent ailleurs que dans les grands intervalles.

X X V I I I.

Lorsque les marqueurs du camp auront marqué les maiſons qui devront être occupées dans le voiſinage, s'il en reſte dans le terrein d'une brigade qui n'aient point été marquées par eux, il ſera permis au Brigadier, & après lui au Major de brigade, d'y loger; mais au défaut de maiſons dans ledit terrein, ces Officiers ſeront obligés de camper à la queue de leur brigade.

X X I X.

Pour éviter toute difficulté ſur la fixation du terrein de chaque brigade, ſa largeur ſera comptée, à l'égard de celles qui ſeront campées en première ligne, depuis l'alignement de l'encoignure de la première tente de la droite, juſqu'à celui de la première tente de la brigade ſuivante; & en profondeur, depuis ſoixante-dix toiſes en avant du front du camp, juſqu'à quatre-vingts toiſes en arrière. Quant aux brigades de la ſeconde ligne, leur terrein s'étendra ſur la même largeur depuis leur front de bandière juſqu'à deux cens toiſes en arrière.

X X X.

Aucun des Officiers à qui il eſt ordonné de camper, ne pourra, ſous quelque prétexte que ce ſoit, s'établir ni mettre ſes chevaux, domeſtiques & équipages dans une maiſon voiſine du camp.

X X X I.

LES Majors de brigade feront tenus d'avertir le Brigadier & le Maréchal-général-des-logis de la Cavalerie, des Officiers qui ne feront pas campés à leurs troupes, ou qui feront contrevenus à l'article ci-deffus; & celui-ci en rendra compte au Commandant du camp & à celui de la Cavalerie.

X X X I I.

QUI que ce foit, en aucun cas, ne pourra loger dans les Eglifes ou Chapelles.

X X X I I I.

CHAQUE Major de campement ira au devant de fon régiment dès qu'il en verra arriver la tête, pour le conduire fur le terrein où il devra camper; & lorfque la colonne des équipages commencera à paroître, un Maréchal-des-logis ira pareillement au devant pour les conduire à la queue du camp, aux places qui auront été marquées : obfervant de s'informer des chemins par lefquels les troupes & les équipages devront venir au camp, afin qu'ils y arrivent fans embarras.

Conduite au camp.

DE L'ETABLISSEMENT DANS LE CAMP.

X X X I V.

LE régiment étant arrivé à la tête de fon camp, s'y mettra en bataille l'épée à la main, faifant face en dehors.

Arrivée au camp.

X X X V.

UN Officier major fera aux Cavaliers les défenfes ordonnées.

X X X V I.

LE piquet fe tiendra trente pas en avant du régiment,

Piquet.

jufqu'à ce que le régiment étant campé, le Commandant de la brigade lui ordonne d'entrer dans le camp.

X X X V I I.

Garde de l'étendard. LE Major fera fortir des rangs les Cavaliers pour la garde des étendards, & le Brigadier qui devra les commander, lequel les fera entrer dans le camp, mettre pied à terre, attacher leurs chevaux à leurs piquets, prendre leur moufqueton, & venir fe placer à la tête du camp de la première compagnie, pour y recevoir les timbales & les étendards quand ils y arriveront.

X X X V I I I.

LE Lieutenant ou Maréchal-des-logis de chacune des compagnies auxquelles les timbales & les étendards font attachés, & à leur défaut un Brigadier, fe portera en avant du régiment, fuivi du Timbalier & du Cavalier portant l'étendard, avec une efcorte de deux Cavaliers ayant le fabre à la main pour les conduire à l'avant-garde du piquet qui fe fera formée entre le régiment & le piquet; & les y ayant remis, il retournera feul à fa troupe.

X X X I X.

Entrée dans le camp. LORSQUE le Brigadier ou le Meftre-de-camp commandant la brigade, aura donné l'ordre au Major de brigade ou du régiment, de faire entrer la brigade ou le régiment dans fon camp, chaque Officier major, après avoir fait remettre les fabres, fera faire demi-tour à droite par compagnie à fon régiment, & marcher pour entrer dans le camp.

X L.

LES efcadrons de la même brigade obferveront de faire ce mouvement enfemble autant qu'il fera poffible, en fe réglant fur le régiment chef de brigade.

XLI.

X L I.

LE régiment étant entré dans fon camp, l'Officier commandant l'avant-garde du piquet marchera avec les timbales & les étendards & les Cavaliers de leur efcorte, pour les remetrre à la garde de l'étendard ; après quoi il retournera avec fon avant-garde à la tête du piquet, & les Cavaliers de l'efcorte entreront dans le camp.

X L I I.

LES Brigadiers & Meftre-de-camps refteront à cheval à la tête du camp, jufqu'à ce qu'ils y aient vû entrer leur brigade ou leur régiment.

X L I I I.

LES Maréchaux-des-logis feront aligner & tendre les tentes de leur compagnie, & les Officiers ne mettront point pied à terre qu'elles ne foient tendues.

X L I V.

PENDANT qu'on tendra les tentes, un Officier major affemblera promptement à la tête du camp, le nombre de Cavaliers néceffaires pour aller aux fourrages & autres diftributions, avec les Officiers & Maréchaux-des-logis qui devront les conduire.

Détachemens aux fourrages & autres diftributions.

X L V.

DÈS que les tentes feront tendues, les Officiers & Maréchaux-des-logis des compagnies feront balayer la tête du camp.

Propreté du camp

X L V I.

ILS empêcheront de faire du feu ailleurs qu'aux places marquées pour les cuifines & les forges.

Feu.

X L V I I.

LES Officiers majors feront faire diligemment les communications néceffaires tant à leur droite qu'à leur gauche,

Communications.

en avant & en arrière, fans avoir aucun égard au temps
& à la fatigue; & s'il fe trouvoit devant le régiment un
terrein inégal, ils le feront applanir jufqu'à quarante pas
en avant du front du camp.

XLVIII.

Le terrein dont chaque régiment fera chargé, s'étendra
depuis le front de fa première tente jufqu'à celle de la
première compagnie du régiment voifin; l'intervalle de
l'un à l'autre devant être cenfé faire partie de celui qui
aura été diftribué au premier pour camper.

XLIX.

Latrines. On fera creufer les latrines fur le même alignement
que celui de l'Infanterie: on mettra un appui à la place
où elles auront été marquées, & une feuillée s'il eft
poffible; & tous les huit jours on fera de nouvelles latrines,
& on comblera les anciennes qu'on marquera avec un
jalon.

L.

Boucheries. Dans les régimens où il y aura des bouchers, les
Majors leur indiqueront en même temps le terrein où
ils devront fe placer, dans un affez grand éloignement
pour qu'ils ne puiffent point caufer d'infection dans le
camp; & ils les obligeront d'enterrer les entrailles des
beftiaux qu'ils tueront.

Ils empêcheront qu'il ne s'établiffe dans leur camp des
Vivandiers d'un autre régiment.

LI.

Corvées. On commandera pour les premières corvées le nombre
d'hommes néceffaire, fans y employer les Cavaliers de
piquet; & lorfqu'il y aura à la garde de l'étendard des

Cavaliers arrêtés pour châtiment, on les obligera à faire les travaux du camp.

L I I.

DEPUIS le moment où la troupe sera entrée dans le *Attentions* camp, jusqu'à celui où elle sera campée dans l'ordre où *des Majors.* elle doit l'être, les Officiers majors seront tenus de rester à cheval à la tête du camp, sans pouvoir se retirer que tout ce qui est prescrit ci-dessus n'ait été auparavant exécuté.

L I I I.

ILS iront ensuite visiter les abreuvoirs à portée du *Abreuvoirs.* camp, pour faire mettre en état ceux qui seront praticables; & les Majors de brigade feront rompre ceux qui seroient dangereux.

L I V.

LES Majors des régimens donneront en arrivant au *Etat* camp, & ensuite tous les mois, au Maréchal-général-des- *du régiment.* logis de la Cavalerie, un état exact de la force du régiment & du nombre des Officiers présens, auquel ils ajoûteront les noms & les grades des Officiers qui manqueront, les raisons de leur absence & les lieux où ils seront.

L V.

ILS rendront compte à ce même Officier de ce qu'il *Poudre & balles.* y aura à leur régiment, de poudre, de balles & de pierres à fusil, pour qu'il leur en procure la quantité nécessaire.

DE LA GARDE DE L'ETENDARD.

L V I.

LA garde des étendards de chaque régiment, sera *Sa composition.*

compofée de trois Cavaliers par compagnie, commandés par un Brigadier.

L V I I.

Cavaliers bottés pendant le jour. LES Cavaliers feront bottés pendant le jour, & en fouliers pendant la nuit : à l'égard du Brigadier, il fera en fouliers jour & nuit.

L V I I I.

Place de la garde raſſemblée. CETTE garde fe tiendra en haie à droite & à gauche des timbales & des étendards, qui feront pofés fix pas en avant du premier piquet des chevaux de la première compagnie du régiment, les Cavaliers deftinés à la garde du premier étendard fe tiendront avec le Brigadier en dehors du côté de l'intervalle, & le refte en dedans du côté du camp.

L I X.

Sa durée. ELLE fera relevée tous les matins aux gardes montantes.

L X.

Manière de la relever. LA nouvelle garde s'affemblera devant le camp au centre du régiment, où elle fera vifitée par un Officier major, & par le Brigadier qui relèvera, pour s'affurer que les armes foient en état & chargées, & les Cavaliers bien tenus.

L X I.

LE Brigadier portant fon moufqueton fur le bras gauche, fe fera fuivre par les Cavaliers deux à deux, portant leur moufqueton, & les conduira jufqu'à l'ancienne garde, que le Brigadier qui defcendra aura fait mettre en haie à fon pofte.

L X I I.

QUAND le Brigadier approchera de l'ancienne garde, il fera filer les Cavaliers derrière lui un à un, jufqu'à ce qu'étant arrivé à la hauteur du Brigadier de cette garde, il s'arrêtera & se formera vis-à-vis d'elle en faisant à droite.

L X I I I.

LE Brigadier de la nouvelle garde ayant pris la consigne & relevé les sentinelles, l'ancienne garde se retirera dans le même ordre que la nouvelle sera venue jusqu'au centre du front du camp du régiment, d'où le Brigadier qui la commande la renverra.

L X I V.

LE Brigadier de la nouvelle garde fera développer *Etendards divisés.* ensuite les étendards, excepté dans les temps de grosse pluie, pendant lesquels ils resteront ployés auprès des timbales.

L X V.

ON ne déployera pas non plus les étendards les jours de fourrage; & la nouvelle garde remplacera les sentinelles de nuit de l'ancienne garde, & ne les retirera point qu'on ne soit revenu du fourrage.

L X V I.

LES étendards étant déployés, le Brigadier les remettra aux Cavaliers des compagnies, à la tête desquelles ils devront être portés, qui feront les premiers à entrer en faction.

L X V I I.

COMME il y a deux étendards par escadron, les six Cavaliers des deux compagnies de la droite feront destinés à en garder un, & ceux des compagnies de la gauche, l'autre, lorsqu'ils feront dispersés.

L X V I I I.

LES Cavaliers qui porteront les étendards, feront gantés

b iij

& les tiendront de la main gauche, posés sur l'épaule; ils seront accompagnés chacun de droite & de gauche par un Cavalier; & les autres Cavaliers affectés à chaque étendard, qui ne seront point en faction, formeront un second rang derrière l'étendard.

L X I X.

LE Brigadier ayant ainsi rangé les Cavaliers de sa garde, il les fera marcher le long du front du camp; observant que ceux des compagnies les plus éloignées marchent les premiers.

L X X.

A mesure que chaque étendard arrivera vis-à-vis de la compagnie devant laquelle il devra être posé, le Cavalier qui le portera le pointera dans terre vis-à-vis, & six pas en avant du premier piquet des chevaux de cette compagnie, & il y restera en faction le sabre nu à la main : les autres Cavaliers qui l'auront accompagné, poseront leurs armes sur un chevalet long de quatre pieds & de la même hauteur, qui sera dressé à cet effet sur la même ligne que l'étendard; & ils seront renvoyés ensuite à leurs tentes par le Brigadier.

L X X I.

LES mêmes choses ayant été observées pour tous les étendards du régiment, le Brigadier retournera au premier étendard, & avertira en passant les sentinelles aux étendards, d'appeler lorsque la garde devra prendre les armes.

L X X I I.

Visites de jour. LA garde des étendards prendra les armes pour le Commandant du camp, pour celui de la Cavalerie, pour les Officiers généraux de jour, & lorsqu'il passera une troupe devant le front du camp du régiment.

LXXIII.

ALORS les Cavaliers factionnaires à chaque étendard, se plaçant derrière cet étendard, en empoigneront la lance de la main gauche à la hauteur de la poitrine, tenant leur sabre nu de l'autre main, la garde appuyée sur la cuisse, la lame croisant l'étendard, portant sur le pouce de la main gauche qu'elle débordera par la pointe d'environ un demi-pied, les deux talons vis-à-vis l'un de l'autre sur la même ligne, à un demi-pied de distance l'un de l'autre, la pointe de la botte du pied gauche touchant la lance de l'étendard, le genou gauche un peu plié, la jambe droite tendue, l'épaule droite effacée, & le regard assuré.

Les autres Cavaliers se mettront en haie à droite & à gauche de celui qui tiendra l'étendard de leur compagnie, portant le mousqueton.

Quant au Brigadier, il se tiendra à la droite de la garde du premier étendard, étant reposé sur le mousqueton qu'il tiendra de la main droite par le bout du canon, la crosse à terre, la platine tournée en dehors, & le bras tendu: il ôtera le chapeau de la gauche pour saluer ceux pour qui il aura pris les armes.

LXXIV.

LES Officiers généraux qui seront employés aux camps en cette qualité & en celle d'Inspecteurs généraux de la Cavalerie, seront reçus des piquets & des gardes, lorsqu'ils les verront, comme s'ils étoient Officiers généraux de jour, sans néanmoins tirer à conséquence à l'égard de ces mêmes Officiers, lorsqu'ils sont employés dans les armées.

LXXV.

LE soir, à l'heure du guet, le Brigadier appellera la *Rassembler les étendards.*

garde de l'étendard : pour lors les Cavaliers ayant quitté leurs bottes pour prendre des souliers, & ayant leurs manteaux renversés sur les épaules, se mettront en haie avec leurs armes à droite & à gauche de l'étendard qu'ils auront gardé pendant le jour, & le Brigadier les ramènera avec les étendards, commençant par les plus éloignés, dans le même ordre qu'il les aura posés le matin.

L X X V I.

LES étendards étant rassemblés autour des timbales, le sentinelle qui les gardera sera armé d'un mousqueton, de même que tous ceux qui feront posés pendant la nuit.

L X X V I I.

Garde de nuit. A l'entrée de la nuit, outre le sentinelle qui restera aux étendards, le Brigadier en posera deux à chaque escadron, un à la tête & l'autre à la queue du centre de l'escadron : ces sentinelles se promèneront le long du front & de la queue de l'escadron, pour voir s'il ne se détachera pas des chevaux, & veiller aux accidens qui peuvent arriver.

L X X V I I I.

IL détachera de sa garde quatre Cavaliers pour la garde de nuit du Mestre-de-camp qui aura un sentinelle à sa tente pendant le jour.

L X X I X.

EN l'absence du Mestre-de-camp, le Lieutenant-colonel aura jour & nuit à sa tente un sentinelle tiré de cette même garde.

L X X X.

LE Commandant du régiment par accident, en aura un la nuit seulement.

L X X X I.

L X X X I.

LE Major ou l'Officier chargé du détail du régiment, aura un sentinelle jour & nuit.

L X X X I I.

LE Brigadier, après avoir posé tous ces sentinelles, fera allumer le feu de sa garde, & l'entretiendra pendant la nuit.

L X X X I I I.

IL partagera les factions des sentinelles, tant de jour que de nuit, de manière qu'elles soient également reparties à toute la garde.

L X X X I V.

Visites de nuit.

SI le Commandant du camp, un Officier général de jour, le Commandant de la Cavalerie, le Brigadier, Mestre-de-camp & Lieutenant-colonel de piquet, ou le Maréchal-général-des-logis de la Cavalerie, viennent à passer le long de la ligne pendant la nuit, le sentinelle en faction aux étendards, après qu'on lui aura répondu au *qui vive,* criera *halte là ;* & avertira le Brigadier commandant la garde de l'étendard, qui fera prendre les armes à sa garde, & se détachera de dix pas en avant des étendards ayant le sabre à la main, escorté de deux Cavaliers le mousqueton présenté : alors il dira : *avance qui a l'ordre,* & ayant reçû le mot de l'Officier qui fait la visite, il retournera en rendre compte à l'Officier de piquet qui doit être à cette garde. Cependant les deux Cavaliers demeureront les armes présentées vis-à-vis l'Officier supérieur, qui s'arrêtera jusqu'à ce que l'Officier du piquet ait ordonné de le laisser avancer ; & ledit Officier, escorté de quatre Cavaliers présentant leurs armes, marchera au devant de l'Officier supérieur, auquel il rendra le mot.

c

L X X X V.

LORSQU'IL y aura aux étendards un ou plufieurs prifonniers, fi ces prifonniers font accufés de crime, ils feront attachés à un piquet, & la garde reftera raffemblée jour & nuit, ce qui n'empêchera pas néanmoins qu'on ne place les étendards à la tête de leurs compagnies ; mais il ne reftera auprès de ces étendards que les fentinelles pour les garder ; & indépendamment du fentinelle qui fera au premier étendard, on mettra un fecond Cavalier en faction avec un moufqueton pour garder les criminels, lequel en fera refponfable, ainfi que le Brigadier. Il fera même commandé un détachement particulier pour garder les criminels, fi le nombre en eft trop grand, pour que la garde de l'étendard y puiffe fuffire.

L X X X V I.

QUAND les prifonniers ne feront détenus que par correction, la garde fe divifera à l'ordinaire : cependant fi quelqu'un de ces prifonniers faifoit la tentative de s'échapper, on l'attachera à un piquet comme un criminel.

L X X X V I I.

LES jours de marche, la garde de l'étendard ne fera relevée qu'à l'arrivée au camp. L'Officier qui commandera l'avant-garde du piquet, fera prendre les timbales & les étendards quand on fonnera le boutte-felle, & les diftribuera chacun à leur compagnie quand le régiment fera en bataille.

L X X X V I I I.

LES étendards ayant été ainfi remis, les Cavaliers de cette garde rentreront chacun dans leur compagnie, pourvû qu'il n'y ait pas de prifonniers aux étendards, parce qu'en ce cas, ils devroient les conduire à la tête du régiment jusqu'au nouveau camp.

DU PIQUET.

LXXXIX.

LE piquet de chaque régiment confiftera en une *Sa compofition.* troupe de trente-fix Maîtres, y compris deux Brigadiers, un Trompette & un Maréchal, commandés par un Capitaine, un Lieutenant & un Maréchal-des-logis : cette troupe fera compofée comme les chambrées, d'anciens & de nouveaux Cavaliers.

X C.

IL fera nommé tous les jours à l'ordre un Brigadier, *Officiers fupé-* un Meftre-de-camp, un Lieutenant-colonel, & un Major *rieurs du piquet.* de piquet, qui feront aux ordres des Officiers généraux de jour, & du Commandant de la Cavalerie.

X C I.

LE piquet fe formera, comme il a été dit, à l'arrivée *Durée du* du régiment au camp, & il fera relevé tous les jours par *piquet.* de nouveaux Cavaliers.

X C I I.

LE nouveau piquet s'affemblera le matin à la tête de *Infpection.* fon régiment, où le Major fera l'infpection des hommes, des armes & des chevaux, avant de faire celle des gardes.

X C I I I.

CETTE infpection étant faite, les piquets monteront *Piquet à la tête* à cheval, & refteront en bataille, chacun à la tête du *du camp.* camp de fon régiment, jufqu'à ce que les gardes ordinaires foient parties du rendez-vous, où on les affemblera pour aller relever les anciennes gardes; & alors on fera rentrer les piquets dans le camp.

X C I V.

Jours de fourrage. LES jours de fourrage, le nouveau piquet reſtera à cheval après l'inſpection, & ſe tiendra à la tête du camp de ſon régiment, d'où il enverra des vedettes à la queue & aux flancs du camp, afin d'empêcher les Cavaliers & valets d'en ſortir que le rendez-vous ne ſoit donné, & que les fourrageurs n'aient reçû l'ordre de partir avec les eſcortes commandées; & le piquet ne rentrera dans le camp que lorſque tous les fourrageurs y feront revenus.

X C V.

Jours de marche. LES jours de décampement le piquet montera à cheval au boute-ſelle, & mettra pareillement des vedettes à la queue & aux flancs du camp, pour que perſonne ni aucuns équipages n'en ſortent, juſqu'à ce que l'ordre du départ ayant été donné, il retirera les vedettes & prendra la tête du régiment.

X C V I.

Préſence des Officiers ſupérieurs à la tête des piquets. LE Meſtre-de-camp & le Lieutenant-colonel entrant de piquet, reſteront à cheval à la tête des piquets pendant tout le temps qu'ils feront à la tête du camp.

X C V I I.

Leur préſence aux gardes montantes. LES Brigadier, Meſtre-de-camp & Lieutenant-colonel ſortant de piquet, ſe trouveront aux gardes montantes, pour rendre compte à l'Officier général de jour de ce qui ſe fera paſſé pendant la nuit; & ils iront enſuite en rendre compte au Commandant de la Cavalerie.

Le Brigadier entrant de piquet, ſe trouvera auſſi aux gardes montantes, pour recevoir les ordres de l'Officier général de jour.

X C V I I I.

LES piquets étant rentrés dans le camp, feront toûjours prêts à marcher: pour cet effet, les Officiers & Cavaliers ne pourront s'éloigner du camp ni se deshabiller; ils resteront bottés jour & nuit; leurs chevaux feront toûjours fellés; ils auront la bride à portée d'eux, & leurs cuiraffes feront à la tête de leurs chevaux.

Piquets dans le camp.

X C I X.

LES deux Officiers & le Maréchal-des-logis de chaque piquet, s'arrangeront enfemble de façon qu'un d'eux foit continuellement jour & nuit à la garde de l'étendard: ils auront leurs chevaux prêts pour faire monter le piquet à cheval en cas de befoin; & ils vifiteront de temps en temps le piquet, tant de jour que de nuit, pour voir s'il fera en état.

Un Officier de piquet à la garde de l'étendard.

C.

Si l'on fait marcher le piquet, dès qu'il fera forti du camp on en commandera un autre.

Marche & remplacement des piquets.

C I.

QUAND le piquet rentrera dans le camp, après avoir paffé les gardes ordinaires, fon fervice fera fait, & celui qui l'aura remplacé reftera en fonction.

Leur rentrée après avoir paffé les gardes ordinaires.

C I I.

LES piquets fortiront à la tête du camp pendant le jour, quand ils feront demandés par le Commandant du camp, celui de la Cavalerie, les Officiers généraux de jour, le Brigadier, le Meftre-de-camp & le Lieutenant-colonel de piquet, & par le Maréchal-géneral-des-logis de la Cavalerie.

Piquets demandés.

C I I I.

QUAND on appellera le piquet à la tête du camp

pendant le jour, les Cavaliers fortiront bottés avec leurs bandoulières & leurs fabres, mais fans moufquetons : ils fe mettront en haie entre les deux étendards de leur efcadron, fur le même alignement de la garde de l'étendard. Les Officiers fe trouveront à pied difperfés en avant des Cavaliers de piquet, de manière qu'il y en ait à chaque efcadron.

C I V.

Vifite du piquet pendant la nuit. L'Officier de piquet qui reftera au feu de la garde de l'étendard pendant la nuit, recevra les Officiers qui ont autorité fur le piquet, comme il eft expliqué à l'article LXXXIV; & s'ils veulent le vifiter, il les mènera dans les rues des compagnies.

C V.

Si les piquets font la nuit hors du camp, lorfque les Officiers qui ont droit de les vifiter arriveront à la ligne, la vedette criera d'environ quinze pas, *Qui vive;* il fera répondu *France,* & elle demandera *quel régiment.* Quand l'Officier aura indiqué fon grade, la vedette l'arrêtera en criant *halte là:* alors un Brigadier & deux Cavaliers de piquet s'avanceront jufqu'à la vedette, le Brigadier le piftolet à la main, & les Cavaliers le moufqueton haut. Le Brigadier criera *avance qui a l'ordre,* afin de recevoir le mot de l'Officier fupérieur: ayant reçû le mot & reconnu celui qui le lui aura donné, il retournera au trot en rendre compte au Capitaine de piquet, dont la troupe fera à cheval l'épée à la main. Le Capitaine s'avancera enfuite à fix pas de la vedette, efcorté de deux Cavaliers le moufqueton haut, & dira *avance à l'ordre:* l'Officier fupérieur s'avancera & recevra le mot du Capitaine, qui lui fera voir enfuite fon piquet, dont les Officiers feront chacun à leur place.

C V I.

LE Brigadier, le Meftre-de-camp & le Lieutenant-colonel de piquet feront chacun une ronde pendant la nuit, dont l'heure fera réglée par le Brigadier; non feulement ils parcourront la tête du camp, mais ils pafferont auffi entre les deux lignes, afin d'examiner s'il ne s'y commettra pas de defordre.

C V I I.

ILS vifiteront les piquets pendant la nuit quand ils feront hors du camp, pour s'affurer que les Officiers foient préfens, & les Cavaliers en état; & ils feront reçûs comme il a été dit à l'article CV, quand ils demanderont à voir le piquet d'un régiment.

C V I I I.

LES fonctions du Major de piquet feront de faire une *Major de piquet.* ronde pendant la nuit à l'heure qui lui paroîtra la plus convenable, efcorté d'un Brigadier & de deux Cavaliers de piquet ayant leur moufqueton; de vifiter les gardes des étendards de la ligne, pour voir fi les Brigadiers & les Cavaliers font leur devoir; de faire une fois le jour la vifite des piquets de la ligne, pour voir s'il y aura un Officier de piquet de chaque régiment à la tête du camp, & fi les fentinelles feront alertes.

D'examiner fi le feu des cuifines fera éteint, fi l'on ne donnera point à boire chez les Vivandiers, & s'il ne fe paffera aucun defordre.

Il rendra compte chaque jour au Major de fa brigade de ce qui fe fera paffé à fa ronde, afin que celui-ci en inftruife le Maréchal-général-des-logis de la Cavalerie.

C I X.

Les Officiers de chaque piquet veilleront à ce qu'il ne reste point d'immondices à la tête & à la queue de leur camp : pour cet effet, ils feront enterrer ces immondices par des Cavaliers de leur piquet ; ils leur feront aussi transporter au loin les chevaux morts, ayant soin qu'ils les enterrent à quatre pieds de profondeur au moins.

DES BRIGADES.

C X.

Les régimens feront mis en brigade à leur arrivée au camp.

C X I.

Arrangement des régimens & escadrons. Le régiment chef de brigade en prendra la droite, soit pour se mettre en bataille, pour marcher ou pour camper : le second se placera à la gauche ; & quand il y en aura un plus grand nombre, ils se placeront de même alternativement dans le centre de la brigade, tous les régimens de l'aîle droite se formant par leur droite, excepté ceux de la brigade de la gauche qui appuyera à l'Infanterie, laquelle se formera par sa gauche.

Cet ordre sera renversé dans les brigades de l'aîle gauche.

C X I I.

Les escadrons d'un même régiment observeront entre eux le même ordre que tiendront les régimens dans la formation de la brigade.

C X I I I.

Majors des brigades. Celui des Majors des régimens d'une même brigade, qui

qui fera le plus ancien de commiffion de Capitaine, fera Major de cette brigade.

C X I V.

S'IL n'y avoit dans une brigade aucun Major en état de faire le fervice de Major de brigade, il y feroit fuppléé par l'Aide-major du régiment de la brigade, qui fe trouvera le plus ancien de commiffion de Capitaine.

DE L'ORDRE.

C X V.

LES Majors de brigade iront tous les jours à l'ordre chez le Maréchal-général-des-logis de la Cavalerie, à l'heure qu'il leur aura indiquée, pour y écrire l'ordre qu'il leur dictera, ainfi que les détails qui concerneront leurs brigades.

Donné chez le Maréchal-général-des-logis de la Cavalerie.

C X V I.

ILS ne s'exempteront d'aller à l'ordre fous aucun prétexte; & lorfque pour des raifons légitimes quelqu'un d'eux ne pourra s'y trouver, il fera avertir le Major de la brigade le plus ancien après lui, qui s'y rendra à fa place.

C X V I I.

LE Major de brigade portera l'ordre & le mot au Brigadier de fa brigade, lorfque ledit Brigadier fera au camp, & il recevra fes ordres fur ce qu'il aura à y ajoûter avant de le diftribuer aux autres Majors de fa brigade.

Porté au Brigadier.

C X V I I I.

LES Majors, & à leur défaut les Aide-majors des régimens, iront à l'ordre chez le Major de leur brigade, qui le leur dictera avec le détail concernant le fervice de leur régiment, & ce que le Brigadier aura jugé à propos d'y ajoûter.

Diftribué par les Majors de brigade.

d

C X I X.

Porté aux Meftre-de-camps. LES Majors des régimens ayant pris l'ordre du Major de leur brigade, iront porter le mot à leur Meftre-de-camp lorfqu'il fera au camp, lui feront la lecture de l'ordre, & recevront ceux qu'il aura à donner; après quoi ils iront donner l'ordre à leurs régimens.

C X X.

Aux Lieute-nant-colonels. EN l'abfence du Meftre-de-camp, le Major donnera le mot au Lieutenant-colonel, à qui il fera porté par l'Aide-major quand le Meftre-de-camp fera préfent; & lorf-que le Meftre-de-camp & le Lieutenant-colonel ne feront point au régiment, le Major portera l'ordre également à l'Officier qui le commandera à leur défaut.

C X X I.

Envoi de l'ordre. AUCUN Officier major n'enverra l'ordre d'un régiment à l'autre, autrement que par écrit, & par un Officier ou un Maréchal-des-logis.

C X X I I.

Cercle. LORSQUE le Major d'un régiment voudra diftribuer l'ordre, le Timbalier battra un appel auquel les Maré-chaux-des-logis des compagnies s'affembleront à la tente du Major.

C X X I I I.

IL ne fera permis d'y entrer qu'au Brigadier de la bri-gade, au Meftre-de-camp, au Lieutenant-colonel ou autre Officier commandant le régiment, & aux Officiers majors.

C X X I V.

LE Brigadier commandant la garde aux étendards, en prendra auffi-tôt deux Cavaliers qu'il conduira à cette tente; & en les mettant en faction, l'un devant, l'autre derrière la tente, il leur donnera pour configne de n'en laiffer approcher perfonne que les Officiers ci-deffus.

C X X V.

LE Major fera écrire aux Maréchaux-des-logis ce qu'ils auront à exécuter: il en fera faire enfuite la lecture, vérifiera leur livre d'ordre pour s'affurer qu'ils l'aient écrit exactement, & le leur fera expliquer par un Officier major.

C X X V I.

ON nommera à l'ordre les Officiers commandés pour tous les différens genres de fervice du camp, & le Brigadier qui devra commander la garde des étendards.

C X X V I I.

LE Major fera mention auffi chaque jour dans l'ordre, des Officiers qui feront les premiers à marcher pour chaque efpèce de fervice.

C X X V I I I.

CHAQUE Maréchal-des-logis portera l'ordre aux Officiers de fa compagnie; & lorfqu'il fera cette fonction, il aura le chapeau bas, ainfi que l'Officier, dans l'inftant où le Maréchal-des-logis lui donnera le mot à l'oreille. *Rendu aux Officiers des compagnies.*

C X X I X.

LE Maréchal-des-logis ira enfuite dans chaque tente de la compagnie expliquer aux Cavaliers les défenfes & ce qui aura été ordonné, & avertir ceux qui devront être de fervice. *Aux Cavaliers.*

C X X X.

LE Major de brigade donnera l'ordre cacheté à un Cavalier de chaque garde ordinaire de fa brigade, que le Commandant de ladite garde aura eu foin, à fon arrivée *Aux gardes ordinaires.*

d ij

à fon pofte, de renvoyer au camp de fon régiment pour lui apporter les ordres qu'on aura à lui donner.

DU GUET ET DE L'APPEL,
& autres règles du camp.

C X X X I.

E'cole des Trompettes. UNE heure avant que le foleil fe couche, tous les Trompettes fe trouveront à la tête du camp de leur régiment, pour tenir entre eux l'école jufqu'au foleil couchant.

C X X X I I.

Signal pour fonner le guet. AU fignal de la retraite, les Trompettes fonneront le guet, commençant à l'aîle droite & à l'aîle gauche par les régimens qui joindront l'Infanterie.

C X X X I I I.

Raffembler les étendards, & pofer les fentinelles de nuit. LE guet étant fonné, les étendards feront rapportés à la tête de la première compagnie de chaque régiment; & le Brigadier de cette garde pofera les fentinelles de nuit.

C X X X I V.

E'teindre les feux. ON éteindra les feux des cuifines: les Vivandiers cefferont de donner à boire, & les Cavaliers feront rentrés dans leurs tentes une heure après la retraite.

C X X X V.

Appels. LES Maréchaux-des-logis, & en leur abfence les Brigadiers, feront régulièrement des appels des Cavaliers de leur compagnie, une heure après le guet fonné & au point du jour, & plus fouvent s'il eft néceffaire.

C X X X V I.

ILS feront enfuite leurs billets d'appel, fur lefquels ils marqueront s'il manque quelqu'un ou non, & le nombre des Cavaliers qui feroient morts au camp, ou qui auroient été envoyés à l'hôpital d'un appel à l'autre.

Ils dateront & figneront ces billets, & ils les porteront au Brigadier de la garde de l'étendard, qui les remettra au Major de fon régiment; & ils en rendront compte au Commandant.

C X X X V I I.

LES appels fe feront tente par tente, en appelant les Cavaliers par leur nom, & les obligeant de répondre chacun pour foi.

Les Maréchaux-des-logis ou Brigadiers qui y manqueront par négligence, ou qui ne marqueront pas fur leurs billets les Cavaliers qui ne fe feront pas trouvés à leur appel, feront punis févèrement.

C X X X V I I I.

LES Lieutenans des compagnies en feront l'appel après le guet, indépendamment de celui des Maréchaux-des-logis; & ils marqueront les Cavaliers qui auront manqué, fur des billets qu'ils figneront, & qu'ils remettront au Commandant du régiment.

C X X X I X.

LES Majors des régimens formeront fur les billets d'appel des Maréchaux-des-logis ou Brigadiers, des billets datés & fignés d'eux, qu'ils enverront tous les matins au Major de leur brigade.

Ils marqueront fur ces billets les noms des Cavaliers qui auront manqué à l'appel, avec ceux de leurs compagnies, & l'heure à laquelle on fe fera aperçû de leur abfence.

Quand il n'auroit manqué perfonne, ils n'en feront pas moins mention fur leurs billets.

d iij

Ils y marqueront aussi le nombre des Cavaliers entrés à l'hôpital ou morts au camp.

C X L.

CHAQUE Major de Brigade formera de même sur les billets des Majors des régimens de sa brigade, un billet détaillé des Cavaliers qui y auront manqué, lequel il signera, datera & enverra au Maréchal-général-des-logis de la Cavalerie.

C X L I.

LE Maréchal-général-des-logis de la Cavalerie formera du tout un état général, qu'il remettra au Commandant du camp & à celui de la Cavalerie, à l'heure de l'ordre.

C X L I I.

Visite des Lieutenans. LES Lieutenans des compagnies feront tous les matins la visite des tentes, afin de voir si les Cavaliers sont propres, si leurs équipages & leurs armes sont en bon état, & s'ils feront ordinaire.

C X L I I I.

ILS verront leur compagnie lorsqu'on pensera les chevaux, lorsqu'on leur donnera l'avoine, & quand on les mènera à l'abreuvoir ; & ils auront attention qu'en les y menant, il y ait à la tête un Maréchal-des-logis ou un Brigadier, & un Carabinier à la queue.

DE L'ORDRE A OBSERVER
pour commander les gardes & détachemens.

C X L I V.

Détachemens par brigade. LES détachemens pour toute sorte de service, seront commandés par brigade, chacune devant fournir à son tour, en commençant par la première, à proportion du nombre d'escadrons dont elles seront composées.

C X L V.

LE Maréchal-général-des-logis de la Cavalerie tiendra un contrôle des brigades, suivant leur rang, sur lequel feront marqués tous les détachemens commandés.

Contrôles du Maréchal-général-des-logis de la Cavalerie.

Il tiendra pareillement des contrôles des Brigadiers employés, des Meftre-de-camps & des Lieutenant-colonels, pour les commander chacun à leur tour.

C X L V I.

LES Brigadiers employés, & les Meftre-de-camps & Lieutenant-colonels, foit en pied, réformés ou par commiffion, feront commandés par rang d'ancienneté.

Brigadiers, Meftre-de-camps & Lieutenant-colonels.

C X L V I I.

LES Meftre-de-camps & Lieutenant-colonels par commiffion, qui auront d'autres emplois dans la Cavalerie, y feront un double fervice; mais ils feront toûjours celui de leurs emplois, par préférence à celui de Meftre-de-camp & de Lieutenant-colonel; à l'exception des Majors qui, lorfqu'ils auront la commiffion de Meftre-de-camp ou de Lieutenant-colonel, ne feront de fervice en cette qualité qu'une fois en entrant & en fortant de campagne.

C X L V I I I.

LES Majors de brigade tiendront un contrôle des régimens de leur brigade, où ils marqueront les Officiers, Maréchaux-des-logis & Cavaliers qui feront commandés par proportion du nombre de leurs efcadrons, & par rang de régiment, en commençant par le régiment chef de brigade.

Contrôles des Majors de brigade.

CXLIX.

Contrôles des Majors des régimens. CHAQUE Major de régiment tiendra auſſi un contrôle dudit régiment, compagnie par compagnie, ſur lequel il marquera le nombre d'Officiers, de Maréchaux-des-logis, de Brigadiers & de Cavaliers qui ſeront commandés.

C L.

CES contrôles commenceront du jour de l'arrivée au camp, & ſeront continués juſqu'à celui de ſa ſéparation.

C L I.

Tours de garde. IL y aura quatre ſortes de tours de garde.

Le premier, pour les gardes d'honneur, lorſqu'il y aura occaſion d'en donner.

Le ſecond, pour les gardes ordinaires.

Le troiſième, pour les détachemens.

Et le quatrième, pour le piquet.

C L I I.

LES régimens fourniront de plus, chacun à leur tour, une garde de Capitaine pour le quartier général.

C L I I I.

IL y aura un tour particulier pour les Brigadiers & Cavaliers qui ſeront commandés pour la garde des étendards, ainſi que pour tout autre ſervice à pied, pour lequel les Cavaliers ne ſeront commandés qu'avec un Brigadier, ou tout au plus un Maréchal-des-logis.

C L I V.

LES trois premiers tours de garde ſeront commandés par la tête, & celui du piquet par la queue.

C L V.

ON ſuivra exactement le rang des Capitaines, & on fera marcher les Lieutenans ſuivant celui des compagnies
auxquelles

auxquelles ils font attachés ; ce qui n'empêchera pas que ceux du même régiment ne commandent entre eux fuivant leur ancienneté.

C L V I.

LES Maréchaux-des-logis, Brigadiers & Cavaliers feront pareillement commandés par rang des compagnies.

C L V I I.

L'OFFICIER qui fe trouvera en même temps le premier à marcher pour différens fervices, fera commandé par préférence pour le premier de ces fervices, dans l'ordre qui eft défigné ci-deffus.

Concours des différens tours de garde.

C L V I I I.

CELÙI qui étant de fervice actuel pour une garde d'honneur, une garde ordinaire ou un détachement, devroit marcher à fon tour pour tout autre fervice, continuera celui dont il eft.

C L I X.

CELUI qui étant de piquet devra marcher pour un des autres fervices, quittera fon piquet, & fera remplacé dans le moment par celui qui doit le fuivre dans le tour du piquet.

C L X.

TOUT Officier qui étant le premier à marcher pour une garde d'honneur, une garde ordinaire, un détachement ou le piquet, ne fe trouvera pas au camp quand on le commandera, ou ne pourra faire ce fervice pour quelque caufe que ce foit, fera remplacé par celui qui le fuivra.

Quand le tour fera paffé.

C L X I.

EN ce cas, fon tour fera paffé pour les gardes d'honneur & les détachemens, dont il ne pourra venir prendre le commandement fi-tôt qu'ils feront en marche & au-delà des gardes ordinaires: mais à l'égard de la garde or-dinaire & du piquet, le tour n'en paffera jamais, foit que l'Officier foit abfent ou de fervice ailleurs, devant toû-jours le reprendre après fon retour au camp, le feul cas de maladie excepté.

C L X I I.

Quand le fervice fera cenfé fait. LES détachemens ne feront cenfés faits que lorfqu'ils auront paffé les gardes ordinaires, & l'on ne tiendra point compte de ceux qui auront été renvoyés du lieu du rendez-vous.

C L X I I I.

Commandant par accident. LE Commandant d'un régiment, par accident, devra être commandé à fon tour, de garde & de détachement; il fera feulement exempt de piquet pendant le temps qu'il commandera.

C L X I V.

Officiers majors. LES Majors de brigade ne marcheront qu'avec leur brigade ou leur régiment.

C L X V.

IL fera commandé un Major ou un Aide-major pour accompagner un Brigadier commandé en détachement ou de piquet, lequel fera pris dans la même brigade où le Brigadier fera employé, & par préférence dans fon régiment s'il en eft Meftre-de-camp.

C L X V I.

LES Majors des régimens marcheront avec leurs Meftre-de-camps, à moins qu'ils ne foient Majors de brigade, auquel cas un Aide-major accompagnera le Meftre-de-camp à la place du Major.

C L X V I I.

LES Aide-majors marcheront avec les Lieutenant-colonels en pied de leur régiment, à moins que le Major du régiment ne fût Major de brigade, auquel cas il fera commandé un Lieutenant pour marcher avec le Lieutenant-colonel.

C L X V I I I.

LES Meftre-de-camps & Lieutenant-colonels réformés ou par commiffion, lorfqu'ils feront détachés dans ce grade, prendront avec eux un Lieutenant du corps auquel ils feront attachés.

C L X I X.

TOUTE troupe commandée pour une garde ou pour un détachement, fera compofée; favoir,

Compofition des gardes & détachemens.

Celle de Capitaine, d'un Lieutenant, un Maréchal-des-Logis & cinquante Maîtres, compris deux Brigadiers, deux Carabiniers, un Trompette & un Maréchal.

Celle de Lieutenant, d'un Maréchal-des-logis, & trente-fix Maîtres, compris deux Brigadiers, un Carabinier & un Trompette.

Et celle de Maréchal-des-logis, de douze Cavaliers, compris un Brigadier.

C L X X.

LE Commandant du camp pourra cependant, dans certains cas, faire doubler, s'il le juge à propos, les Lieutenans dans une même troupe commandée par un Capitaine.

C L X X I.

CHAQUE troupe fera compofée d'Officiers & de Cavaliers tirés du même régiment.

e ij

C L X X I I.

LES Maréchaux - des - logis des compagnies auront attention que les gardes & détachemens soient toûjours compofés d'anciens & de nouveaux Cavaliers.

C L X X I I I.

Carabiniers. LORSQUE le Commandant du camp voudra faire marcher les Carabiniers, ils feront toûjours commandés par le plus ancien Capitaine, le plus ancien Lieutenant & le plus ancien Maréchal-des-logis de chaque régiment.

DE LA GARDE ORDINAIRE.

C L X X I V.

Son affemblée. LES gardes ordinaires s'affembleront tous les matins à l'heure ordonnée, chacune à la tête du centre du régiment qui devra la fournir.

C L X X V.

LE Major ou l'Aide-major de chaque régiment, après avoir fait l'infpection des Cavaliers & des chevaux de fa garde, la mènera au centre de la brigade, pour la remettre au Major de brigade.

C L X X V I.

LE Major de brigade fera l'infpection des gardes de fa brigade en préfence des Officiers majors de chaque régiment; & il les conduira enfuite au rendez-vous général des gardes, pour les remettre au Maréchal-général-des-logis de la Cavalerie.

C L X X V I I.

CET Officier mettra les gardes en bataille felon le rang des brigades dont elles feront tirées, & les vifitera.

CLXXVIII.

Il fera défiler les gardes quand il en aura reçû l'ordre *Départ*
des Officiers généraux de jour, ou du Commandant de *des gardes.*
la Cavalerie; & en leur abfence d'un Officier fupérieur
de piquet: & pour cet effet, il fe mettra à la droite des
gardes; & lorfqu'il aura dit à l'Officier commandant la
troupe, qu'il peut marcher, celui-ci en donnera l'ordre à
fa troupe, en difant: *Prenez garde à vous: Marche.*

CLXXIX.

Le Cavalier de chaque garde ordinaire qui aura été
renvoyé au camp, fe trouvera à l'affemblée des nouvelles
gardes pour conduire à fon pofte celle qui devra la
relever. Ce Cavalier fe mettra en face de la garde qu'il
aura à conduire, à la diftance qui lui fera prefcrite, &
prendra la tête de cette garde quand elle défilera.

CLXXX.

Les gardes falueront, en défilant, le Commandant du *Salut en défilant.*
camp, les Officiers généraux de jour, & le Commandant
de la Cavalerie; mais s'ils s'y trouvent enfemble, ils ne
falueront que l'Officier fupérieur.

CLXXXI.

Les gardes défileront le fabre à la main & trompettes
fonnantes. Les Officiers qui les commanderont, pourront
faire remettre les fabres quand elles feront hors de l'alignement des gardes du camp de l'Infanterie; mais ils devront
les faire tirer de nouveau lorfque les gardes arriveront
à la vûe d'une vieille garde.

CLXXXII.

Si une garde rencontre, chemin faifant, une troupe
armée, ou un Officier général à qui les honneurs foient

dûs, le Commandant de cette garde fera fonner la trompette, fans s'arrêter.

C L X X X I I I.

Avant-garde. LES Officiers détachés avec les gardes ordinaires, obferveront au fortir du camp, d'avoir une avant-garde commandée par un Officier, lequel fera porter les moufquetons hauts aux Cavaliers de cette avant-garde, & marchera à une diftance convenable de la troupe dont il aura été détaché.

C L X X X I V.

Arrivée au pofte. QUAND la nouvelle garde arrivera à fon pofte, fon avant-garde rentrera dans les rangs, & la troupe aura le fabre à la main, ainfi que l'ancienne garde qu'elle devra relever, dont elle prendra la gauche.

C L X X X V.

Donner la configne. LE Capitaine qui defcend la garde, donnera la configne à celui qui le relève.

C L X X X V I.

Relever le petit corps-de-garde. CELUI-CI fera fortir de fa garde un Officier l'épée à la main, & douze Cavaliers le moufqueton haut, pour aller relever le petit corps-de-garde avancé.

C L X X X V I I.

Relever les vedettes. LES Brigadiers des deux gardes iront enfemble relever les vedettes.

C L X X X V I I I.

Reconnoître le pofte. PENDANT qu'on relèvera les vedettes, les deux Capitaines vifiteront enfemble les flancs & les avenues du pofte; & celui qui relève prendra de l'autre les éclairciffemens néceffaires fur tout ce qui peut contribuer à fa fûreté.

CLXXXIX.

LES deux Lieutenans iront enfuite reconnoître le pofte de nuit, ainfi que les chemins & les endroits où les patrouilles devront fe porter pendant la nuit; & celui de la nouvelle garde en rendra compte au Capitaine.

CXC.

TOUS les poftes étant relevés, la vieille garde retour- *Retour de* nera au camp, fon petit corps-de-garde compofé d'une *l'ancienne garde.* divifion faifant l'arrière-garde : elle y arrivera le fabre à la main & trompette fonnante, fe mettra en bataille à la tête du centre de fa brigade; & ayant remis les fabres, fera face au camp par un demi-tour à droite par troupe : après quoi le Commandant de la garde fera décharger les armes, renverra les Cavaliers, & ira rendre compte de fon retour au Commandant de la brigade & à celui du régiment.

DU SERVICE DES GARDES ORDINAIRES
dans leurs poftes.

CXCI.

APRÈS le départ de l'ancienne garde, le Commandant *E'tabliffement* de la nouvelle s'emparera du pofte. *dans le pofte.*

CXCII.

IL ne pourra en fortir ni rien changer à la configne; mais feulement augmenter de précautions, & en rendre compte aux Officiers fupérieurs quand ils le vifiteront.

CXCIII.

LORSQU'IL y a du danger, le Commandant doit refter à cheval avec fa garde, & doubler les vedettes.

C X C I V.

Le reste du temps, il fera mettre pied à terre à un rang alternativement, pour débrider les chevaux & les faire manger, ayant attention que le rang qui fera à cheval soit toûjours quinze pas en avant de celui qui fera débridé; & il reftera toûjours un Officier au moins, à cheval avec le rang qui y fera.

C X C V.

S'il y a des bois ou des haies à portée du pofte, il les fera fouiller par un Brigadier & quelques Cavaliers avant de faire mettre pied à terre; & quand même le pays feroit uni & découvert autour de lui, il ne laiffera pas d'envoyer à une certaine diftance, pour examiner s'il n'y auroit point de ravins ou chemins creux.

C X C V I.

Affiduité au pofte. Le Commandant de la garde ne permettra à aucun Officier ni Cavalier de s'écarter en aucun temps, fous quelque prétexte que ce puiffe être.

C X C V I I.

Communication avec les gardes voifines. Il aura foin d'avoir une communication libre avec les gardes voifines, afin que rien ne puiffe paffer entre elles & lui fans être vû.

C X C V I I I.

Confignes. Il fera configné aux gardes en avant & fur les flancs du camp, de ne laiffer paffer au-delà aucuns Cavaliers, Dragons, Soldats ni valets, d'arrêter tous ceux qui fe préfenteront, de les envoyer au Prevôt, & d'en donner avis au Maréchal-général-des-logis de la Cavalerie.

C X C I X.

La même configne fera donnée aux gardes fur les derrières du camp, excepté qu'elles devront laiffer paffer

les

les Cavaliers, Dragons & Soldats qui feront porteurs de congés dans la forme prefcrite par les ordonnances, & les valets qui auront des congés par écrit de leurs maîtres, vifés du Major du régiment.

C C.

IL fera auffi configné de reconnoître ceux qui arrive-ront au camp, & de faire conduire les étrangers au Maré-chal-général-des-logis de la Cavalerie, fans cependant caufer aucun trouble ni empêchement aux allans & venans pour le commerce & la fubfiftance du camp, & donnant au contraire toute liberté & fûreté à ceux qui y apportent des vivres & denrées.

C C I.

QUAND une vedette avertira qu'elle aperçoit une troupe ou plufieurs perfonnes enfemble venant de fon côté; fi la garde n'eft pas à cheval, le Commandant l'y fera monter, le fecond rang ferrant alors fur le premier: il enverra deux Cavaliers au grand trot, le moufqueton haut, à trente pas en avant des vedettes. Lorfque ceux que ces Cavaliers voudront reconnoître, feront à portée de les entendre, ils crieront *qui vive*; leur ayant été répondu *France*, ils demanderont *quel régiment*. Après la feconde réponfe, un des deux Cavaliers ira rendre compte au Com-mandant de la troupe, l'autre fe retirera au pofte de la vedette, d'où il criera à la troupe venant, *halte-là*; & lorfque le Commandant lui aura envoyé dire de laiffer approcher ou paffer, il fe retirera à fa troupe après avoir averti ceux qu'il aura arrêtés qu'ils pourront avancer ou paffer.

Aller au qui vive.

C C I I.

LE Commandant de la garde ordinaire, après s'être établi dans fon pofte, enverra un Cavalier de fa troupe

Envoi à l'ordre.

f

au camp, pour lui apporter les ordres que le Major de fa brigade aura à lui envoyer.

C C I I I.

Pofte de nuit. AU coucher du foleil, le Commandant de la garde la fera monter à cheval, fera retirer fes vedettes & fon petit corps-de-garde, & fe retirera au pofte de nuit. En faifant cette retraite il fera deux haltes, & marchera avec une arrière-garde : il tâchera de faire ce mouvement en même temps que les gardes qui feront à fa droite & à fa gauche.

C C I V.

Abreuvoir. QUAND il y a du danger, on ne doit faire boire les chevaux qu'après que la garde s'eft retirée au pofte de nuit : dans les autres cas, on pourra faire boire le matin avant de quitter le pofte de nuit, & dans la journée fi les chaleurs exigent que l'on faffe rafraîchir les chevaux.

C C V.

QUAND on enverra à l'abreuvoir, fi la garde eft au pofte de jour, elle montera entièrement à cheval, les Officiers à la tête : on ne détachera que fix Cavaliers à la fois avec un Brigadier ou un Carabinier, & on attendra que les premiers foient revenus pour en envoyer d'autres. On aura auffi attention de faire relever le petit corps-de-garde pendant qu'il ira faire boire, conduit par l'Officier qui le commandera.

On prendra les mêmes précautions en allant à l'abreuvoir, partant du pofte de nuit, fi ce n'eft que l'on pourra y envoyer un plus grand nombre de chevaux à la fois, pour que cette opération foit plus tôt finie.

C C V I.

LA garde ordinaire étant établie au pofte de nuit, celui qui la commande, après avoir mis des vedettes autour &

un petit corps-de-garde en avant, fera mettre pied à terre au refte de la troupe ou à une partie, felon les circonftances, ayant toûjours au moins un des rangs bridé, dont les Cavaliers tiendront leurs chevaux par la bride, & feront en avant de l'autre rang dont les chevaux feront débridés.

C C V I I.

LES vedettes feront toûjours doublées pendant la nuit; & elles feront affez près les unes des autres, pour qu'il ne puiffe paffer perfonne entre elles fans être entendu.

C C V I I I.

IL y aura du feu au pofte de nuit des gardes ordinaires, autant que cela fera poffible.

C C I X.

LE Commandant de la garde règlera le temps auquel *Patrouilles.* les Officiers & le Maréchal-des-logis feront tour à tour la patrouille.

C C X.

CELUI qui devra faire la patrouille, prendra avec lui deux Cavaliers; & après avoir reçû les derniers ordres du Commandant, il partira le piftolet à la main, fuivi des Cavaliers ayant le moufqueton haut, armé & accroché à la bandoulière.

C C X I.

ILS marcheront avec le moins de bruit qu'il fera poffible, & feront halte de temps en temps pour écouter.

C C X I I.

LORSQU'ILS reviendront à la troupe, les vedettes les arrêteront en leur criant *halte-là;* alors un Brigadier efcorté par deux Cavaliers viendra les reconnoître, & recevoir le mot de celui qui commandera la patrouille, avec celui du ralliement: après quoi on les laiffera rejoindre

f ij

la garde ; & l'Officier rendra compte au Commandant, de ce qu'il aura vû & entendu.

C C X I I I.

POUR éviter que les patrouilles foient découvertes, on conviendra d'un fignal muet, que l'on donnera aux vedettes & aux patrouilles.

C C X I V.

Reprendre
le pofte de jour. AU petit point du jour, toute la garde montera à cheval, & y reftera jufqu'à ce que la découverte ait été faite.

C C X V.

LORSQU'IL fera jour, on détachera un Maréchal-des-logis avec quatre Cavaliers, pour aller faire la découverte dans tous les endroits qui lui auront été marqués.

C C X V I.

LA découverte étant faite, le Commandant de la garde fera retirer les vedettes, & marcher pour reprendre le pofte de jour, le petit corps-de-garde faifant l'avant-garde ; & s'il y a un pofte d'Infanterie dans le cas de prendre fon pofte de jour auprès du fien, il obfervera d'y marcher enfemble, pour fe protéger mutuellement.

C C X V I I.

Vifites. SI le Commandant du camp, le Lieutenant-général de jour, ou le Commandant de la Cavalerie, vifitent les gardes ordinaires pendant le jour, elles monteront à cheval, les Cavaliers auront le fabre à la main, le Trompette fonnera, & les Officiers falueront.

C C X V I I I.

LE Maréchal-de-camp de jour fera reçû comme le Lieutenant-général de jour, excepté que le Trompette ne fonnera pas.

C C X I X.

Pour le Brigadier de piquet, les gardes monteront à cheval fans mettre l'épée à la main, & le Trompette ne fonnera point.

C C X X.

Ces Officiers vifitant les gardes pendant la nuit, feront reçûs comme par les piquets.

C C X X I.

Le Maréchal-général-des-logis de la Cavalerie aura le droit de vifiter les gardes ordinaires, dont les Commandans exécuteront ce qu'il leur prefcrira de la part du Commandant du camp, ou de celui de la Cavalerie, & il fera reçû comme le Brigadier de piquet.

C C X X I I.

Les gardes ordinaires monteront à cheval, & fonneront quand il paffera une troupe à portée d'elles pendant le jour : elles n'en laifferont paffer aucune allant au camp pendant la nuit, quand même elles l'auroient parfaitement reconnue pour être de celles du camp ; elles la feront refter à l'écart, & ne lui donneront paffage que lorfqu'il fera grand jour, à moins d'un ordre du Commandant du camp ou du Maréchal-général-des-logis de la Cavalerie.

Paffage des troupes.

C C X X I I I.

Elles permettront néanmoins à l'Officier qui commandera cette troupe, s'il a des nouvelles preffées à donner au Commandant du camp, d'aller chez lui ou d'y envoyer.

C C X X I V.

Si le Commandant d'une garde ordinaire apprend des nouvelles qui méritent attention, il les écrira, & les enverra par un Cavalier au Maréchal-général-des-logis de la Cavalerie.

Nouvelles.

f iij

C C X X V.

Deserteurs. S'IL se présente des deserteurs étrangers pour entrer au camp, on les fera conduire par un Brigadier & un Cavalier chez le Commandant du camp: s'il étoit trop éloigné, on les fera garder à vûe après les avoir fait desarmer, & on les lui amènera avec leurs armes & chevaux en descendant la garde.

C C X X V I.

Relever les gardes. AUCUNE garde ordinaire n'abandonnera son poste, sous quelque prétexte que ce puisse être, qu'après avoir été relevée par une autre, ou par un ordre écrit du Commandant du camp, du Maréchal-général-des-logis de la Cavalerie, ou du Major de brigade, à moins qu'un Officier général de jour ou le Major de brigade ne vienne la retirer lui-même.

C C X X V I I.

UN Commandant de garde ne pourra refuser de se laisser relever par une autre garde, sous prétexte qu'elle seroit moins nombreuse, ou commandée par un Officier d'un grade inférieur au sien.

C C X X V I I I.

LES jours de marche, les anciennes gardes attendront les ordres du Général pour rentrer dans leurs régimens ou faire l'arrière-garde; & les nouvelles s'assembleront à l'ordinaire pour suivre le Maréchal-de-camp de jour au campement, & exécuter ses ordres.

C C X X I X.

Garde du quartier général. LA garde du quartier général fournira au Prevôt les Cavaliers dont il aura besoin pour son escorte.

Elle ne montera à cheval pour personne sans un ordre

du Commandant du camp, qui lui prefcrira ce qu'elle aura à faire.

Son Maréchal-des-logis ira prendre l'ordre chez le Maréchal-général-des-logis de la Cavalerie.

DES VEDETTES.

C C X X X.

LES vedettes doivent toûjours être mifes à portée & en vûe de la garde qui les pofe.

C C X X X I.

QUAND elles ont été pofées, les Officiers de la garde doivent aller fucceffivement leur faire répéter la configne.

C C X X X I I.

ELLES doivent fe tourner de temps en temps de différens côtés, pour mieux découvrir ce qui fe paffera autour d'elles, & avertir en appelant ou par fignes, quand elles découvrent des troupes ou plufieurs perfonnes venant de leur côté.

C C X X X I I I.

CELLES qui font doublées ne doivent jamais parler enfemble que pour les cas du fervice : elles feront tournées de deux côtés oppofés ; l'une viendra avertir pendant que l'autre reftera pour obferver ; & fi une des deux deferte, l'autre tirera deffus.

C C X X X I V.

LES vedettes doivent toûjours avoir le moufqueton haut & armé, & accroché à la bandoulière.

C C X X X V.

TOUS Cavaliers qui doivent relever des vedettes, feront

conduits par un Brigadier, qui partira de la troupe le sabre à la main, & les Cavaliers le mousqueton haut.

C C X X X V I.

LES Cavaliers qui seront relevés, auront pareillement le mousqueton haut, jusqu'à ce qu'ils aient rejoint la troupe.

C C X X X V I I.

QUAND le Brigadier aura plusieurs vedettes à relever, il commencera toûjours par la plus éloignée, & ramènera ensemble tous les Cavaliers qu'il aura relevés.

C C X X X V I I I.

LA nouvelle vedette prendra la gauche de la vieille en la relevant, & le Brigadier se tiendra devant elles, pour avoir attention que la consigne soit bien donnée.

DES CAVALIERS D'ORDONNANCE.

C C X X X I X.

IL sera commandé tous les jours deux Cavaliers par brigade, pour être d'ordonnance chez le Commandant de la Cavalerie, aux ordres d'un Brigadier.

C C X L.

IL y aura aussi deux Cavaliers par brigade, avec un Brigadier d'ordonnance chez le Maréchal-général-des-logis de la Cavalerie.

C C X L I.

LES Brigadiers employés auront chez eux deux Cavaliers tirés de leur brigade, dont ils ne pourront se faire suivre.

C C X L I I.

LORSQUE les Majors de brigade auront des ordres à envoyer,

envoyer, ailleurs qu'aux gardes ordinaires, ils pourront fe fervir d'un Cavalier du piquet, mais fans pouvoir s'en faire fuivre.

DES DETACHEMENS.

CCXLIII.

Tous les détachemens commandés feront formés cha- *Leur affemblée.* cun à la tête du régiment qui le fournira.

CCXLIV.

L'Officier major qui en fera l'infpection, vifitera les armes & munitions des Cavaliers, en préfence des Officiers qui devront commander le détachement : il vérifiera fi les Cavaliers auront du pain & de l'avoine pour le temps qui aura été ordonné; & il ne fouffrira point de chevaux qui ne foient en bon état.

CCXLV.

Pour remédier à ce qui pourroit fe trouver de manque à cette infpection, il s'y trouvera un Officier; & au défaut d'Officier, un Maréchal-des-logis ou un Brigadier de chaque compagnie.

CCXLVI.

L'Officier major du régiment conduira enfuite les détachemens au centre de la brigade, d'où le Major de brigade, après les avoir vifités, les conduira au rendez-vous indiqué par le Maréchal-général-des-logis de la Cavalerie, auquel il les remettra en lui donnant par écrit le nom des régimens qui auront fourni les différens détachemens, & ceux des Officiers de tous grades qui feront attachés à chaque troupe commandée.

g

CCXLVII.

Rang des détachemens. LES détachemens de Cavalerie, de quelque régiment qu'ils foient, marcheront entre eux fuivant le rang de la brigade de laquelle ils auront été tirés; mais les Capitaines commanderont entre eux fuivant l'ancienneté de leurs commiffions.

CCXLVIII.

Commandement. L'OFFICIER de grade fupérieur, foit de Cavalerie ou d'Infanterie, commandera par-tout à celui d'un grade inférieur.

CCXLIX.

EN parité de grade, l'Officier de Cavalerie commandera par préférence à celui d'Infanterie, lorfqu'ils fe trouveront enfemble en campagne.

CCL.

TOUT Officier qui aura été nommé à l'ordre de l'armée pour commander un détachement compofé d'Infanterie & de Cavalerie, le commandera pendant tout le temps que ce détachement fera hors du camp.

CCLI.

LORSQUE l'Officier nommé à l'ordre pour commander un détachement, fera hors d'état de le fuivre, le commandement paffera à un des premiers Officiers qui auront marché avec lui, felon ce qui eft réglé aux articles CCXLVIII & CCXLIX.

CCLII.

Mot de ralliement. TOUT Officier qui commandera un détachement fortant du camp, donnera un mot de ralliement à fa troupe.

CCLIII.

Retour. QUAND au retour d'un détachement, il fe trouvera

à la vûe du camp & en dedans, des gardes ordinaires,
l'Officier qui le commandera fera faire halte à son avant-
garde, & mettra ses troupes en bataille à mesure qu'elles
arriveront, faisant face en dehors du camp.

C C L I V.

DÈS que son arrière-garde l'aura joint, il fera défiler
devant lui chaque troupe pour retourner à leur camp.

C C L V.

AVANT de faire défiler, il examinera s'il ne manquera
personne, afin de faire châtier les Cavaliers qui se seront
absentés.

C C L V I.

S'IL s'en trouve quelqu'un chargé de maraude, il le
fera arrêter & conduire sur le champ au Prevôt.

C C L V I I.

APRÈS avoir fait l'arrière-garde de tous les détachemens, il ira rendre compte au Commandant du camp,
& à celui de la Cavalerie.

S'il est Mestre-de-camp, il ira rendre compte de plus au
Brigadier de sa brigade.

Les autres Officiers, depuis le Lieutenant-colonel jusqu'au
Cornette, rendront compte de même à leur Brigadier,
s'ils ont commandé un détachement en chef, & ensuite au
Commandant de leur régiment, à qui ils rendront toûjours
compte, quand même ils n'auroient fait que marcher
avec leurs troupes, sans avoir de commandement.

C C L V I I I.

LES détachemens qui rencontreront des troupes ou *Honneurs.*
des Officiers généraux auxquels le salut est dû, en use-
ront à cet égard de même qu'il est dit pour les gardes
ordinaires.

CCLIX.

CHAQUE Commandant de détachement aura foin de faire décharger les armes des Cavaliers qui le compofe- ront, avant de les faire rentrer dans le camp, comme il a été dit pour les gardes.

DES MARCHES.

CCLX.

Boute-felle. LORSQU'ON fonnera le boute-felle, les Majors de brigade fe rendront promptement auprès du Maréchal-général-des-logis de la Cavalerie, pour recevoir les ordres qu'il aura à leur diftribuer.

CCLXI.

LE piquet montera à cheval, & mettra des vedettes à la queue & fur les flancs du camp, comme il a été dit au titre du Piquet.

CCLXII.

LES Officiers fupérieurs de piquet fe trouveront pa- reillement à la tête du camp, ainfi que le Major de piquet, avec les nouvelles gardes & les campemens.

CCLXIII.

CES Officiers fuivront le Maréchal-de-camp de jour lorfqu'il fe mettra en marche pour aller au nouveau camp.

CCLXIV.

A mefure que le Maréchal-de-camp de jour poftera chaque garde, le Major de piquet en prendra note, & en remettra l'état au Maréchal-de-camp, & au Maréchal-général-des-logis de la Cavalerie, qui en donnera un état au Commandant du camp & à celui de la Cavalerie.

C C L X V.

LE Major fortant de piquet affemblera les détachemens qui feront commandés, foit pour efcorter les équipages, foit pour faire l'arrière-garde, ou pour toute autre commiffion.

Il raffemblera auffi les vieilles gardes, qui n'ayant pas rejoint leurs corps, devront faire l'arrière-garde, ou en compofer une partie.

C C L X V I.

LES Officiers des compagnies feront abattre, plier & charger diligemment les tentes.

C C L X V I I.

LES Maréchaux-des-logis veilleront avec les Chefs de chambrée, à ce que chaque Cavalier raffemble fon équipage fans fe charger de chofes inutiles. Ils feront éteindre les feux exactement, & empêcheront que les Cavaliers ne brûlent la paille du camp, à quoi les Commandans des corps veilleront pareillement.

C C L X V I I I.

L'AVANT-GARDE du piquet ira prendre les timbales & les étendards comme il a été dit à l'art. LXXXVII.

C C L X I X.

LORSQU'ON fonnera à cheval, les Cavaliers déboucheront pour fe mettre en bataille à la tête de leur camp.

A cheval.

C C L X X.

LORSQUE le Major de brigade fera mettre fon régiment en mouvement, ceux des autres régimens de la même brigade en feront autant; & ils marcheront enfemble en bataille, environ trente pas à la tête du camp, où ils feront halte.

C C L X X I.

LES Brigades marcheront dans le même ordre qu'elles feront campées.

Dès que la première brigade marchera, les autres exécuteront aussi-tôt les mêmes mouvemens, pour que la ligne se déploye en même temps.

C C L X X I I.

AUCUN Officier ne quittera sa troupe pendant la marche, sans la permission du Commandant du régiment.

C C L X X I I I.

LES Officiers majors se promèneront de la tête à la queue de leur régiment, pour examiner si tout est en règle, & ils en rendront compte au Commandant du régiment.

C C L X X I V.

Cavaliers à leur rang. LES Cavaliers ne pourront sortir de leur rang pour s'écarter de la colonne.

C C L X X V.

ON obligera ceux qui auront des besoins, à avertir; & on laissera avec eux un Brigadier, qui les obligera de rejoindre diligemment.

C C L X X V I.

IL sera défendu de laisser boire les chevaux en marche; les Maréchaux-des-logis des compagnies auront attention de l'empêcher: & à cet effet, au passage de chaque gué, le Commandant du régiment laissera un Officier, qui sera relevé successivement par un autre Officier de chacune des compagnies suivantes.

C C L X X V I I.

Valets. LES Officiers pourront se faire suivre dans les marches, par leurs valets à cheval, qui, en ce cas, se tiendront dans l'intervalle des efcadrons, fans que fous ce prétexte, aucun Officier puiffe y avoir de cheval de bât, ou autre bête d'équipage, mais feulement un cheval de main.

CCLXXVIII.

SI quelque Cavalier écarté fait du defordre, on enverra des Officiers pour l'arrêter. *Cavaliers écartés.*

CCLXXIX.

SI un Cavalier eft rencontré hors de la marche de la colonne, fans que les Officiers de fa compagnie aient averti le Commandant du régiment, & celui-ci le Brigadier, celui de ces Officiers qui y aura manqué, fera refponfable du defordre que ce Cavalier aura fait.

CCLXXX.

LES Officiers, de tel corps que ce foit, feront arrêter tout Cavalier qui ne fera pas à fa troupe, quand même fon régiment ne feroit pas dans la colonne; & ils le feront conduire à fon régiment lorfque l'on fera arrivé au nouveau camp.

CCLXXXI.

LES Commandans des régimens donneront main-forte au Prevôt, s'ils en font requis, & ils concourront avec lui pour empêcher le defordre. *Main-forte au Prevôt.*

CCLXXXII.

ILS empêcheront que perfonne ne tire en marche, & feront arrêter les Cavaliers qui auront tiré, lefquels feront mis pendant huit jours à la garde des étendards. *Défenfe de tirer.*

CCLXXXIII.

ILS ne fouffriront dans les colonnes des troupes, fous tel prétexte que ce puiffe être, ni chaife, ni carroffe, ni aucune autre efpèce de voitures à roue. *Voitures.*

CCLXXXIV.

Cris. ILS empêcheront que personne ne crie, ni *halte*, ni *marche*, & qu'on ne fasse passer aucune parole.

CCLXXXV.

Haltes. SI les troupes de la queue d'une colonne ne peuvent suivre la tête, ou qu'il leur arrive quelque accident qui les oblige à s'arrêter, on fera sonner un appel qui sera répété jusqu'à la tête, de régiment en régiment : alors la tête fera halte. Lorsque la queue aura rejoint, elle fera sonner un couplet de la marche qui sera répété par un Trompette de la tête de chaque régiment ; après quoi la tête de la colonne se remettra en marche : il sera cependant détaché un Officier pour avertir celui qui commandera la colonne, du sujet pour lequel on se sera arrêté.

CCLXXXVI.

Passage du Commandant. QUAND le Commandant du camp, ou celui de la Cavalerie, passeront le long d'une colonne de Cavalerie étant en marche ou en halte, les Cavaliers ne mettront point le sabre à la main, & les troupes qui marcheroient ne s'arrêteront pas, mais les Trompettes sonneront & les timbales battront.

CCLXXXVII.

Arrivée au nouveau camp. LES régimens en arrivant au nouveau camp, se formeront en bataille à la tête du terrein qui leur sera destiné, & ils n'y entreront que lorsque le Brigadier l'ordonnera.

DES CUIRASSES.

CCLXXXVIII.

TOUS les Officiers, Maréchaux-des-logis, Brigadiers & Cavaliers, feront tenus de porter leurs cuirasse & plastron

toutes

toutes les fois qu'ils feront commandés ou détachés pour quelque fervice à cheval.

CCLXXXIX.

Si quelque Officier commandé fe trouve au rendez-vous général des gardes, fans cuiraffe, les Officiers géné-raux de jour ou le Commandant de la Cavalerie, l'en-verront au camp aux arrêts, & en avertiront le Comman-dant du camp.

DES EQUIPAGES.

CCXC.

La fuppreffion des voitures à deux roues, à l'exception *Voitures.* des chaifes, ayant été ordonnée, on ne fouffrira au camp que des chariots à quatre roues avec un timon, qui feront tirés au moins par quatre chevaux attelés deux à deux.

CCXCI.

Les Brigadiers, Meftre-de-camps, Lieutenant-colonels ou autres anciens Officiers qui pourroient avoir befoin d'une chaife, en demanderont la permiffion au Comman-dant du camp, qui la leur donnera par écrit s'il le juge à propos.

CCXCII.

Il ne pourra y avoir plus d'un Vivandier, un Boulanger & un Boucher à la fuite de chaque régiment; & ils auront chacun un chariot feulement.

CCXCIII.

Les Brigadiers & Meftre-de-camps ne pourront avoir *Nombre* plus de feize chevaux d'équipage, y compris l'attelage *de chevaux.* d'une voiture à quatre roués.

h

CCXCIV.

LES autres Officiers ne pourront avoir un plus grand nombre de chevaux de monture ou de bât, que celui pour lequel ils reçoivent des fourrages, quand Sa Majesté leur en fait donner.

CCXCV.

LES Majors des régimens donneront au Commandant du camp, un état exact de ce que chaque Officier aura d'équipage, & de leur espèce.

CCXCVI.

Vaguemestres. CHAQUE Commandant de brigade choisira entre les Brigadiers des compagnies dont elle sera composée, celui qu'il jugera le plus capable de faire les fonctions de Vaguemestre de cette brigade.

CCXCVII.

IL sera choisi de même par le Mestre-de-camp, dans chaque régiment, un Brigadier pour faire les fonctions de Vaguemestre particulier du corps, lequel recevra les ordres du Vaguemestre de brigade.

CCXCVIII.

LA veille de chaque jour de marche, les Vaguemestres de brigade prendront l'ordre du Maréchal-général-des-logis de la Cavalerie, sur l'heure & le lieu où les équipages devront être conduits le lendemain; & ils le rendront aux Vaguemestres des autres régimens de leur brigade.

CCXCIX.

LES Vaguemestres des régimens disposeront les équipages de leurs régimens en file, suivant le rang des escadrons & celui des compagnies dans l'escadron.

CCC.

LES Vaguemestres des régimens ne souffriront point

qu'aucun bagage fe mette en marche que le Vaguemeftre de la brigade ne foit venu l'ordonner; ce que les Vague-meftres de brigade ne feront point que le Maréchal-général-des-logis de la Cavalerie n'en ait envoyé l'ordre.

C C C I.

LES Vaguemeftres feront arrêter tout charretier & conducteur de bagages, qui fe fera mis en marche avant l'heure ordonnée.

C C C I I.

IL y aura à chaque régiment un étendard nommé *Fanion*, qui fera porté par un des Valets que le Major choifira. La banderole du fanion fera d'un pied en carré, & d'étoffe de laine des couleurs affectées au régiment, dont le nom y fera écrit.

Fanion.

C C C I I I.

LORSQUE le Vaguemeftre de brigade aura reçû l'ordre pour marcher, il fera mettre en marche le bagage de chaque régiment, fuivant le rang que le régiment tiendra dans la brigade.

Marche des bagages.

C C C I V.

LE bagage du Brigadier marchera à la tête des équi-pages de la brigade, & devant ceux des régimens qui la compoferont.

C C C V.

LE Vaguemeftre de chaque brigade en conduira les équipages pendant la marche, en fuivant exactement les guides qui conduiront la colonne, & fans les devancer.

C C C V I.

IL fera arrêter tous les Valets qui voudroient paffer devant le fanion de leur régiment, à la fuite duquel ils resteront rassemblés, à l'exception de ceux qui marcheront avec leurs maîtres dans les divisions.

C C C V I I.

Il veillera à ce que chaque Vaguemestre particulier fasse son devoir, & à ce que l'ordre soit ponctuellement exécuté.

C C C V I I I.

Chacun des Vaguemestres particuliers des régimens, sera assidu pendant la marche auprès des bagages de son régiment, & tiendra la main à les faire avancer & suivre dans le rang où il les aura mis.

C C C I X.

Il sera commandé un détachement pour escorter chaque colonne d'équipage; & l'Officier qui la commandera devant être instruit de l'ordre de la marche, aura soin de faire observer exactement ce qui aura été ordonné, & de faire arrêter qui que ce soit qui voudra croiser la file.

C C C X.

On ne donnera aucune escorte armée à l'équipage particulier de qui que ce puisse être, & on n'y enverra aucun Cavalier : en cas de contravention, le Major du corps dont sera l'escorte, en rendra compte au Maréchal-général-des-logis de la Cavalerie.

C C C X I.

Les Valets se tiendront, dans les marches, à l'équipage de leurs maîtres, & les Vivandiers, où ils devront être sans s'écarter à droite ni à gauche.

C C C X I I.

Les équipages qui se feront arrêtés pour quelque cause que ce soit, ne pourront reprendre la file qu'à la queue des équipages de leur régiment ou de leur brigade; & si

ceux de leur brigade étoient paſſés avant qu'ils fuſſent en
état de marcher, ils feront obligés d'attendre que tous les
équipages de la colonne ſoient paſſés, pour en prendre
la queue.

C C C X I I I.

AUCUN charretier ni conducteur de bagage, ne cou-
pera ni devancera l'équipage qui le précédera, à moins
que celui-ci ne puiſſe pas ſuivre la colonne.

C C C X I V.

CEUX qui contreviendront à ce qui eſt preſcrit ci-deſſus
pour l'ordre de la marche des bagages, feront punis ſuivant
la rigueur des ordonnances.

C C C X V.

LES menus équipages marcheront dans le même ordre
que les gros, lorſqu'ils en feront ſéparés : en ce cas, outre
l'eſcorte qui marchera avec les gros équipages, on commandera un Brigadier par brigade, pour contenir les
Valets qui feront aux menus équipages.

DES FOURRAGES.

C C C X V I.

LORSQU'IL y aura un fourrage commandé, il ſera
conſigné dès la veille aux ſentinelles de nuit tirés de la
garde des étendards, de ne laiſſer ſortir du camp aucuns
Cavaliers ni domeſtiques ſans la permiſſion du Capitaine
de piquet ; & cette conſigne ſera renouvelée à ceux de la
nouvelle garde qui les relèveront.

C C C X V I I.

DÈS que le nouveau piquet aura été aſſemblé le matin

à la tête du camp, il pofera à la queue & fur les flancs, des vedettes qui auront la même configne.

C C C X V I I I.

LES Officiers du piquet fe promèneront à cheval autour du camp, pour voir fi ces vedettes feront leur devoir, & s'il ne fortira perfonne du camp.

C C C X I X.

ON commandera, dès le foir, les gardes & les petites efcortes pour le fourrage du lendemain.

C C C X X.

LES gardes deftinées à former la chaîne, feront conduites au rendez-vous, à l'heure indiquée, par un Officier major de chaque brigade.

C C C X X I.

LES petites efcortes feront d'un Cavalier par compagnie, & commandées par un Capitaine, avec un Trompette pour raffembler les fourrageurs en cas de befoin.

C C C X X I I.

ELLES marcheront chacune avec les fourrageurs de leur régiment, jufque dans l'enceinte défignée pour le fourrage.

C C C X X I I I.

LES fourrageurs marcheront dans le même ordre que les troupes font campées.

C C C X X I V.

LES Majors de brigade & de chaque régiment, doivent conduire les fourrageurs de leur brigade au rendez-vous du fourrage.

C C C X X V.

LE Brigadier conduira auffi ceux de fa brigade, & le

Meſtre-de-camp & le Lieutenant-colonel ceux de leur régiment.

C C C X X V I.

IL y aura toûjours un Officier à la tête des fourrageurs de chaque compagnie, pour les contenir ainſi que les valets des Officiers de la compagnie.

C C C X X V I I.

LORSQUE le Brigadier ou Meſtre-de-camp commandant les fourrageurs de chaque brigade, aura permis de les laiſſer débander, & qu'ils auront mis pied à terre, les petites eſcortes feront raſſemblées ou diſperſées, felon que le Commandant du fourrage ou de la brigade l'ordonnera.

C C C X X V I I I.

LES petites eſcortes ne ſe retireront qu'après que les fourrageurs de la brigade ſe feront retirés; & le Commandant de la brigade les ramènera avec ordre, accompagné de tous les Officiers.

DES DISTRIBUTIONS.

C C C X X I X.

LORSQU'IL y aura des diſtributions à faire, les Cavaliers de chaque régiment y feront conduits en bon ordre, par un Officier major.

C C C X X X.

CET Officier aura attention à ce que la diſtribution ſoit faite en règle, & donnera ſon reçû de ce qui aura été fourni.

C C C X X X I.

IL ſe concertera avec le Commiſſaire des guerres qui fera préſent, pour lever les difficultés qui pourroient ſurvenir, & s'abſtiendra de toutes voies de fait.

64

CCCXXXII.

Si le Commiſſaire des guerres & l'Officier major ne s'accordoient pas ſur la manière de terminer les difficultés ſurvenues, l'Officier major en rendra compte au Major de brigade, & celui-ci au Maréchal-général-des-logis de la Cavalerie, & le Commiſſaire des guerres à l'Intendant.

CCCXXXIII.

L'Officier chargé de ce détail ne ſe préſentera point à la diſtribution, qu'il n'ait un état exact du nombre des rations qu'il aura à demander pour le régiment, compagnie par compagnie.

CCCXXXIV.

Il ſe rendra d'abord où le Commis principal tiendra le bureau; & celui-ci lui donnera un Commis particulier pour le conduire avec ſa troupe au lieu où la diſtribution devra être faite.

CCCXXXV.

Il ſera fait mention ſur les reçûs, des quantités qui auront été délivrées pour chaque compagnie & pour l'Etat-major.

CCCXXXVI.

Le même ordre s'obſervera à toutes les diſtributions, de quelque eſpèce qu'elles ſoient.

CCCXXXVII.

On chargera, autant qu'il ſe pourra, le même Officier d'aſſiſter toûjours à la même eſpèce de diſtribution.

CCCXXXVIII.

Les diſtributions ſe feront à chaque régiment, dans le rang qui aura été preſcrit à l'ordre.

DE

DE LA DISCIPLINE
& Police du Camp.

CCCXXXIX.

AUCUN régiment ne prendra les armes fans la per- *Prendre les armes.* miffion du Commandant du camp, à moins qu'il ne lui foit ordonné par un Officier général de jour, le Commandant ou le Maréchal-général-des-logis de la Cavalerie. Si c'eft par l'ordre d'un Officier général de jour, le Major de brigade en avertira fur le champ le Maréchal-général-des-logis de la Cavalerie, & fon Brigadier.

CCCXL.

TOUS les Officiers porteront les habits uniformes de *Uniforme* leur régiment. Ils ne monteront point de chevaux qui *des Officiers.* n'aient auffi des houffes de cet uniforme; & ne paroîtront point chez le Commandant du corps, ni aucun autre Officier fupérieur, fans être bottés.

CCCXLI.

LES Brigadiers qui ne commanderont point de brigade, *Campemens* camperont régulièrement, ainfi que les Meftre-de-camps *des Officiers.* & autres Officiers, chacun à leur régiment & compagnie.

CCCXLII.

LES Officiers majors camperont pareillement à leur régiment, à l'exception des Majors de brigade, lorfqu'il leur aura été marqué un logement dans le terrein de leur brigade.

CCCXLIII.

AUCUN Officier ne pourra s'abfenter du camp, ni *Abfence* même en découcher, quand ce ne feroit que pour un *des Officiers.*

i

jour, fans la permiſſion par écrit du Commandant du camp; & on s'adreſſera au Commandant de la Cavalerie pour avoir cette permiſſion.

C C C X L I V.

Bans. A l'arrivée des troupes au camp, on fera battre des bans pour publier les défenſes ci-après, ſous les peines portées par les ordonnances, ou celles qui feront ordonnées par le Commandant du camp, s'il juge à propos d'en infliger de plus ſévères.

C C C X L V.

Défenſes. IL fera défendu de rien prendre dans les maiſons voiſines du camp, ni dans aucun autre lieu, de cueillir aucuns fruits, herbages ni légumes dans les jardins ni dans les champs, de couper aucun arbre fruitier ou autre, ni aucune haie, & d'entrer dans les vignes.

C C C X L V I.

Chaſſe & pêche. IL fera pareillement défendu à tous Officiers, Cavaliers & Valets, de chaſſer & de pêcher: les Commandans des corps puniront ceux qui y contreviendront, & en rendront compte au Commandant du camp.

C C C X L V I I.

Vivres. MESMES défenſes feront faites aux Cavaliers & à tous autres, de prendre quoique ce puiſſe être aux payſans & autres perſonnes qui apporteront des vivres & autres denrées au camp, ſoit à titre de rétribution ou autrement, ni de leur faire aucun tort ou violence, même d'aller au-devant d'eux, ſoit pour prendre ces vivres en les taxant arbitrairement, ou pour les choiſir avant qu'ils ſoient arrivés au lieu qui fera déſigné pour ſervir de marché, ni de donner aucun empêchement aux moulins; le tout pour quelque caufe & fous quelque prétexte que ce puiffe être.

C C C X L V I I I.

QUI que ce foit qui fe trouvera chargé de hardes ou uftenfiles prifes en maraude, fera arrêté & envoyé au Prevôt.

C C C X L I X.

LES Majors ne fouffriront point qu'aucuns autres *Vivandiers.* Vivandiers que ceux de leur régiment, s'établiffent dans le terrein qu'il occupera.

C C C L.

ILS ne fouffriront point non plus qu'il y ait aucuns *Gens fans aveu.* gens fans aveu à la fuite des corps.

C C C L I.

NUL Cavalier ne pourra aller camper au quartier *Commerce.* général ni ailleurs que dans le terrein de fon régiment, pour faire aucun métier ou commerce.

C C C L I I.

ILS ne pourront auffi aller au quartier général fous prétexte d'acheter des vivres, fans une permiffion par écrit de leur Capitaine, fignée du Major du régiment; laquelle permiffion ne pourra être accordée que pour les heures qui feront réglées par le Commandant du camp.

C C C L I I I.

LES Cavaliers ne pourront rien vendre dans le camp fans une permiffion par écrit du Major de leur régiment.

C C C L I V.

IL fera défendu aux Cavaliers de paffer les gardes éta- *Paffer* blies autour du camp, fans un congé dans la forme pref- *les gardes.* crite par les ordonnances : ceux qui fe trouveront hors des

i ij

68

gardes, fans même y avoir fait de defordre, feront arrêtés & punis comme deferteurs; & on les punira comme voleurs s'ils fe trouvent avoir commis du defordre.

C C C L V.

LES Meftre-de-camps ou Commandans des corps ne pourront permettre à aucuns Cavaliers de paffer les gardes du camp, à moins que les congés qu'ils leur donneront ne foient approuvés du Commandant de la Cavalerie, qui en demandera la permiffion au Commandant du camp.

C C C L V I.

S'IL arrivoit qu'on arrêtât aux environs du camp quelque Cavalier qui eût découché fans que fon Capitaine en eût averti, le Capitaine fera interdit & payera le defordre fait par le Cavalier arrêté; & le Commandant du régiment en fera refponfable.

C C C L V I I.

Mettre l'épée à la main. IL fera défendu aux Cavaliers de mettre l'épée à la main dans le camp & aux environs.

C C C L V I I I.

Balles & plomb. ILS ne pourront tirer ni avoir aucune balle, plomb à giboyer, ou moule pour en couler.

C C C L I X.

EN arrivant au camp, les Officiers feront en préfence des Commandans des corps, une vifite exacte des armes & équipages des Cavaliers de leur compagnie; feront décharger les armes avec un tire-bourre, ou, fi cela ne fe peut, les feront tirer devant eux en prenant toutes les précautions néceffaires pour qu'il n'en arrive pas d'accident; & ils prendront toutes les balles & autre plomb que les Cavaliers pourront avoir.

C C C L X.

LORSQU'APRÈS les pluies il fera néceffaire de faire décharger les armes, on y procédera de la même manière en préfence d'un Officier, entre neuf & dix heures du matin.

C C C L X I.

A la féparation du camp, les Officiers rendront aux Cavaliers les balles qu'ils leur auront ôtées.

C C C L X I I.

LORSQU'ON affemblera les gardes ordinaires & autres détachemens, il fera donné trois balles à chaque Cavalier commandé pour lefdites gardes & détachemens, par le Maréchal-des-logis de leur compagnie, qui aura attention de fe faire rendre ces balles au retour des gardes & détachemnes.

C C C L X I I I.

IL fera défendu à tous Cavaliers de fe traveftir, ni porter d'autres habits que les uniformes des régimens dont ils feront, même de retourner leur jufte-au-corps, fous quelque prétexte que ce puiffe être, ni de prêter leurs habits uniformes à des Cavaliers, Dragons ou Soldats d'autres régimens. *Uniforme des Cavaliers.*

C C C L X I V.

LES Commandans des corps tiendront la main à ce qu'il ne foit établi dans le camp ni aux environs, aucun jeu de hafard, fous quelque nom qu'il puiffe être déguifé; & feront mettre en prifon, tant ceux qui auront donné à jouer, que les Officiers qui auront joué. *Jeux.*

C C C L X V.

LES Officiers & Maréchaux-des-logis de piquet vifiteront

de temps en temps les lieux où les Cavaliers pourroient tenir des jeux dans le voifinage du camp; & ils enverront des patrouilles pour arrêter ceux qui fe trouveront en contravention.

C C C L X V I.

Cris défendus. LE terme d'*alerte* fera interdit pour faire prendre les armes; & les Officiers & Maréchaux-des-logis tiendront la main à ce que l'on fe ferve de celui d'appeler *aux armes.*

C C C L X V I I.

Envoi au Prevôt. LORSQUE les Majors des régimens enverront quelque Cavalier ou Valet au Prevôt, ils marqueront fur un billet le fujet pour lequel ils y feront envoyés.

C C C L X V I I I.

Deferteurs étrangers. AUCUN Officier ne pourra engager un deferteur venant du pays étranger, qu'après qu'il en aura obtenu la permiffion du Commandant du camp : il ne pourra auffi acheter les armes & les chevaux des deferteurs fans la permiffion du Commandant de la Cavalerie.

C C C L X I X.

Chevaux perdus. LES chevaux qui feront trouvés fans maîtres ou fans conducteurs, dans le camp ou aux environs, feront conduits chez le Prevôt, qui les rendra à qui ils appartiendront.

C C C L X X.

ON reftituera de même, fans rien payer, ceux qui ayant été volés ou perdus, feront réclamés par leurs maîtres, quand même ils auroient été vendus par ceux qui les auroient volés ou trouvés; devant être défendu

à qui que ce puiffe être, d'acheter des chevaux que d'une perfonne connue.

C C C L X X I.

LES Majors des régimens rendront compte exactement *Compte à rendre.* à leur Commandant & à leur Brigadier, de tout ce qui s'y paffera de contraire à la difcipline, & des punitions qui auront été ordonnées; & les Brigadiers en rendront compte au Commandant de la Cavalerie, qui de fon côté informera le Commandant du camp de tout ce qui méritera attention.

FAIT à Verfailles, le quatorze mai mil fept cent cinquante-quatre. *Signé* M. P. DE VOYER D'ARGENSON.

www.ingramcontent.com/pod-product-compliance
Lightning Source LLC
Chambersburg PA
CBHW070915280326

41934CB00008B/1732